MADAME LA MARQUISE

DE

BEAUMONT-VILLEMANZY

Conserver la couverture

Ln 27 23721

MADAME LA MARQUISE

DE

BEAUMONT-VILLEMANZY

Ln 27 38538

LA MARQUISE

DE

BEAUMONT-VILLEMANZY

2 février 1803 — 8 avril 1881

Retracer une vie dont le trait le plus marquant fut l'accomplissement constant du devoir dans le silence et l'ombre du foyer, semble aller à l'encontre de l'esprit qui inspira toute cette vie, et trahir les sentiments d'une humilité chrétienne bien éloignée de la trop commune tendance à livrer au public des souvenirs réservés à l'intimité de la tradition. Mais, dans un temps où l'amour du bien s'efface dans les âmes, il est utile de conserver, pour la famille et dans la limite étroite de la famille, l'enseignement et l'exemple d'une existence qui n'eut précisément que le bien pour but et Dieu pour inspirateur et pour mobile. Dans ce cadre restreint, si ces modestes pages, en en fixant la mémoire, aident à en prolonger l'imitation, elles seront assurées d'avoir servi le désir le plus cher d'une âme tendrement attachée à tous les siens.

Cécile de Villemanzy naquit à Paris, le 2 février 1803; son enfance et sa jeunesse s'écoulèrent au foyer paternel, entre son père le comte de Villemanzy, esprit supérieur, modèle parfait de haute raison et d'austère fidélité au devoir, appelé à la pairie par le roi Louis XVIII en récompense de ses éminents services, et sa mère, femme profondément chrétienne, qui sut faire passer dans l'âme de ses trois filles l'inappréciable trésor de ses fortes convictions. A dix-sept ans, le 1er août 1820, elle épousait le comte de Beaumont, officier de cavalerie, appelé par son aptitude et ses connaissances militaires, aussi bien que par ses rares qualités morales, à une très brillante carrière. Tout souriait à ce moment aux jeunes époux, et rien ne leur manquait de ce qui semble constituer le bonheur de la vie, pas même ce charme de la personne et ces grâces naturelles qu'ils possédaient l'un et l'autre à un haut degré. Toutefois, dès cette époque, la jeune comtesse paraissait faire peu de cas des avantages extérieurs et pensait, avec Mme de Staël, *qu'une femme ne doit ni se montrer ni se cacher, mais se laisser voir.* Appelée par ses devoirs de position dans de nombreux salons et à la cour, elle ne recherchait ni ne fuyait le monde, et fut seule à ne pas remarquer les hommages dont elle était l'objet. A l'école du christianisme on apprend vite le danger de ces succès d'amour-propre dont l'attrait est un poison pour l'âme ; elle avait le sentiment de ce danger autant que le sentiment du devoir, et ne sacrifia jamais à leur séduction une seule de ses obligations de fille, d'épouse ou de mère. Elle se préparait, du reste, ainsi à moins souffrir des sacrifices que les événements lui réservaient.

Dix années se passèrent dans cette vie facile et charmante, tantôt à Paris, tantôt à Beaumont ou au château de Saint-Ouen chez le comte de Villemanzy, tantôt dans les villes de garnison où fut envoyé le comte de Beaumont, et en dernier lieu à Amiens, où il attendait son brevet de colonel, lorsque la révolution de juillet vint lui arracher des mains l'épée avec laquelle il avait juré de servir la dynastie que la France, affolée, laissait partir pour l'exil. A cette première épreuve une seconde, non moins dure, ne tarda pas à s'ajouter : le 3 septembre suivant, le comte de Villemanzy mourut ; cette mort ouvrait au comte de Beaumont les portes de la chambre des pairs ; mais la délicatesse de sa conscience lui interdit de prêter le serment alors exigé. Il quitta Paris, emmenant à Beaumont sa jeune femme, trop identifiée à tous ses sentiments pour laisser percer un regret, malgré les séparations qu'entraînait ce départ.

Deux autres bien autrement pénibles l'attendaient : six mois seulement après la mort de son père, le 19 novembre, sa mère lui était enlevée, et, le 29 décembre suivant, elle perdait aussi sa belle-mère, la marquise de Beaumont, pour qui elle avait la plus tendre vénération. Elle allait succéder, dans le vieux manoir de famille, à deux femmes éminentes par leur esprit, leur bonté, et par-dessus tout leurs vertus : l'une, Marguerite de Gauville, qui, après cinquante années de l'union la plus heureuse avec Anne-Claude de Beaumont, pouvait, à ses noces d'or, se faire une glorieuse couronne de ses treize enfants et soixante petits-enfants; l'autre, Anne de Miroménil, nièce de cet aimable et sage ministre de Louis XVI, gardien intègre, pendant quatorze ans, des sceaux de France, conseil et confident du roi martyr, et qui fut payé de son courage à défendre seul les jésuites devant le parlement par son éloignement de Paris et son exil à Rouen; femme de devoir autant que femme du monde, alliant à l'esprit le plus cultivé et le plus fin de rares qualités de cœur, comblée des bontés de la reine Marie-Antoinette, qui avait daigné faire son mariage, elle avait, au lendemain des jours néfastes de la révolution, emportant ses souvenirs et sa douleur, quitté, pour n'y jamais rentrer, la ville témoin de tant de forfaits, et, toute jeune encore, s'était enfermée à Beaumont, dont elle ne cessa de faire le charme et l'édification.

Tel était l'héritage de chers et vertueux exemples que la jeune châtelaine recueillait de ces deux saintes femmes. Après avoir, durant dix années, aimé et admiré sa belle-mère, il lui devenait facile de l'imiter, ses propres inclinaisons l'entraînant d'ailleurs dans les mêmes voies ; aussi le cadre de sa vie changea seul, sa vie resta ce qu'elle était déjà : Dieu, ses enfants, les pauvres, continueront donc à occuper de plus en plus son cœur et son temps.

Elle avait à ce moment trois enfants, deux fils et une fille ; leur éducation sera la grande œuvre, l'œuvre-maîtresse qui l'absorbera d'abord tout entière; à la lumière de la foi, elle voyait là comme un sacerdoce à remplir pour le père et la mère, appelés à toucher à cette partie intime et sacrée de l'être, faite à l'image de Dieu. Aussi la vit-on alors mère accomplie, à un âge où beaucoup d'autres, de nos jours surtout, ont tant de peine à se montrer seulement bonnes mères.

Elle fit de la passion du devoir, dont elle était animée, le fond même de l'éducation de ses enfants; personne n'est bon par hasard, il faut apprendre la vertu comme tout le reste; elle le savait; elle savait aussi que c'est dans l'exercice du devoir que l'apprentissage s'en fait le mieux : telle était toute sa théorie en cette matière. Partageant avec son mari la mission d'instruire et d'élever ses enfants, elle se trouvait ainsi constamment en contact avec eux et exerçait une action plus suivie sur leur âme. Mais les leçons données à Beaumont ne suffirent plus quand ils grandirent; il fallut en aller chercher à Tours. Alors commencèrent ces voyages, renouvelés deux ou trois fois dans la semaine, en toute saison, qui prenaient quatre heures de la journée, et dont elle savait faire des heures utiles, la voiture devenant une salle d'étude où l'on préparait les devoirs et récitait les leçons.

Ces soins assidus ne l'empêchaient pas de consacrer bien des heures aux pauvres, dont elle s'était fait, à l'exemple de sa belle-mère, comme une seconde famille. A cette époque existait à Beaumont une population spéciale, confinée dans un quartier à part, ne vivant que de rapine; familles nombreuses, pauvres des biens de la terre, plus pauvres encore de bonne volonté. Un certain courage était nécessaire pour aborder ces natures à demi sauvages; le zèle charitable de la châtelaine y trouvait un stimulant de plus. Elle comprenait merveilleusement du reste que la misère dérive plus ou moins d'une cause morale, et que ramener un rayon de vertu dans ces tristes milieux, c'est le plus souvent y ramener un rayon de bonheur; aussi le bien des âmes fut-il toujours son premier, son principal objectif; et que de sages conseils, que de compatissantes et encourageantes paroles, que de livres distribués, que de prières adressées à Dieu pour produire ce bien, non pas seulement parmi les pauvres, mais dans la population de Beaumont tout entière ! Une école pour les filles, tenue par les sœurs de la Présentation, y avait été fondée par Mme la comtesse des Hayes; elle s'y intéressa, en recueillit le précieux héritage et ne cessa jamais de s'en occuper de la façon la plus active. C'est par elle que tous les livres donnés en prix étaient examinés de la première page à la dernière, toujours dans cette même pensée du bien des âmes, afin de n'admettre que des ouvrages pouvant leur être profitables.

En 1833, Dieu donna un troisième fils à Mme de Beaumont, et elle reprit avec bonheur et une expérience encore plus consommée, auprès de cette jeune âme, son travail d'éducation en suivant les mêmes sentiers, mais insistant sur ceux qui la pouvaient conduire à une piété plus effective et plus tendre; comme si elle nourrissait dès ce moment l'espérance que ce troisième fils se consacrerait à Dieu.

Plusieurs années se passèrent dans l'accomplissement des devoirs de cette vie calme et retirée. La mort de son beau-père (5 mars 1838), dont elle avait été pendant huit ans l'ange consolateur, y mit un terme.

Le marquis de Beaumont se décida alors à s'établir à Tours, afin de se rapprocher des maîtres dont ses enfants avaient encore besoin, et ensuite à Paris, lorsque son fils aîné dut y faire son droit. Il choisit un appartement aux portes de Saint-Sulpice, non loin de l'école de droit, dans le but de diminuer pour lui les périls des contacts inévitables de l'école et des amitiés de hasard qui se forment trop souvent sur ses bancs. Pendant trois ans on y mena la vie sérieuse et occupée de Beaumont; puis, quand le droit fut terminé et que le moment parut venu d'achever l'éducation de leurs enfants en les introduisant dans le monde, le marquis et la marquise de Beaumont vinrent se placer au centre de leurs anciennes relations de famille et d'amitié.

Leurs deux fils aînés et leur fille étaient d'âge assez rapproché pour que leurs mariages ne fussent pas éloignés. Marie de Beaumont fut unie au comte de Lambel, l'homme qui pouvait le mieux s'identifier à ses aspirations de haute piété et à ses goûts charitables. A peu d'intervalle, les deux frères épousèrent les deux sœurs, filles du marquis de Mondragon, l'une et l'autre préparées par une mère fortement chrétienne à chérir et à suivre les exemples de leurs devanciers.

C'est vers cette même époque qu'Albert de Beaumont entrait au séminaire de Saint-Sulpice, où il reçut la prêtrise le 21 décembre 1857.

L'avenir de leurs enfants une fois fixé, rien ne retenait plus à Paris le marquis et la marquise de Beaumont; l'œuvre capitale de leur vie était achevée; ils reprirent donc le chemin du vieux manoir avec la joie intime d'une tâche bien remplie et la perspective d'y goûter, pendant de longues années, les douceurs de la vie de famille. Là, presque toujours entourés de quelques-uns de leurs enfants, ayant même, à certaines époques, la joie de les réunir tous, ils mettaient leur bonheur à suivre avec le plus tendre intérêt l'éducation de leurs petits-enfants, y aidant de leur mieux, et se gardant bien d'y apporter la moindre entrave par l'ordinaire faiblesse des grands parents. Beaumont, à ce moment, avait repris son animation d'autrefois, et le voisinage du château de Montifray, où habitaient le comte et la comtesse Léon de Beaumont avec leurs huit enfants, contribuait à l'entretenir.

L'abbé de Beaumont, une fois prêtre, fut d'abord vicaire à Sainte-Maure pendant plusieurs années, puis à Tours, dans la paroisse de Saint-Julien; à ce moment ses parents y prirent un appartement pour se rapprocher de lui et de leurs autres enfants, que la présence de la famille de Mondragon y attirait. Mais il resta peu de temps à Saint-Julien; le tombeau de saint Martin venait d'être retrouvé; il fallait un chapelain pour le sanctuaire provisoire qu'on y avait élevé, et il eut l'honneur insigne, vivement ressenti par sa famille, d'être désigné pour ce poste de dévouement. Le marquis et la marquise de Beaumont l'y suivirent, heureux d'abriter les années de leur vieillesse sous le manteau de saint Martin. Ces années coulaient doucement au milieu des joies pures de la famille, en dehors et au-dessus des agitations du monde frivole, dans cette paix chrétienne que procurent le constant accomplissement du devoir et la pratique habituelle du bien. Mais l'heure des dures épreuves et des séparations inévitables allait trop tôt sonner pour eux.

Au commencement de 1865, le marquis de Beaumont, dont la santé était ébranlée, tomba tout à coup gravement malade à Tours, à la suite d'un voyage à Paris, et la maladie le conduisit en quelques jours aux portes du tombeau. L'épouse chrétienne, surprise et ébranlée tout d'abord, sut bien vite maîtriser ses émotions et se montrer dans sa noble grandeur. Tout entière à la pensée d'achever la préparation de cette âme à paraître devant Dieu, elle ne quitta plus le chevet du cher mourant, priant avec lui, l'entretenant du ciel, excitant sa confiance, et trouvant même la force d'assister son fils l'abbé de Beaumont lorsqu'il administra lui-même les derniers sacrements à son père; car il avait voulu se procurer la douce consolation d'ouvrir de ses mains les portes du salut à celui dont il avait reçu tant de leçons et d'exemples de vertu. Durant l'émouvante cérémonie, la marquise de Beaumont parvint à refouler ses larmes, et, bien qu'épuisée par cette contrainte et par son assiduité de jour et de nuit auprès du malade, elle s'attacha encore plus étroitement à cette couche d'agonie, près de laquelle son cœur et son devoir la retenaient, comme si elle eût voulu avoir sa part tout entière des angoisses et des déchirements du dernier combat. Lorsque le sacrifice fut consommé (c'était le 25 mars), abîmée dans sa douleur, elle resta longtemps agenouillée, souffrant tout ce que Dieu seul peut savoir, mais n'eut, en se relevant, pas une parole d'abattement et encore moins de murmure. La veuve affligée ne pouvait alors prévoir quel autre sacrifice bien cruel serait, peu d'années après, imposé à la mère.

A dater de la mort de son mari, la marquise de Beaumont mêla de plus en plus sa vie à celle du chapelain de Saint-Martin, dont l'existence toute de zèle et de prières semblait désormais devoir seule lui convenir. L'abbé de Beaumont la menait sans ménagement pour ses forces et dans un esprit d'abnégation et de sacrifice qui ne connaissait guère de limites. Il s'était imposé la lourde tâche de former pour le séminaire des jeunes gens montrant une vocation religieuse, et leur consacrait de longues heures dans la journée, qu'il reprenait ensuite sur son sommeil pour se livrer à des études théologiques; il y usait sa santé, et ne pouvait trouver de repos près du tombeau de saint Martin, où, pour répondre à l'affluence croissante des pèlerins, il était réduit à ses propres forces. Sa mère l'entourait de tendresse et de soins, mais était elle-même trop ardente au bien pour savoir modérer son zèle.

En 1867, au moment où l'on célébrait à Rome le centenaire de saint Pierre, tous deux s'acheminèrent vers la ville éternelle. Le changement d'air et de milieu, des impressions nouvelles, les consolations religieuses qu'ils trouvèrent à Rome, ranimèrent pour quelque temps les forces du chapelain de Saint-Martin, et sa mère, rassurée, put jouir elle-même sans trouble de son séjour à Rome.

Dès son arrivée elle eut le bonheur d'obtenir plusieurs audiences du Saint-Père. Pie IX la reçut toujours avec une particulière distinction; il sentait en elle une de ces âmes d'élite qui sont une force pour le bien; aussi, quand elle sollicita de lui une bénédiction spéciale pour l'œuvre des Mères chrétiennes de Tours, dont elle était présidente, ce fût avec ce fin sourire empreint de tant de bonté qu'il lui dit : « Je bénis d'autant plus volontiers cette œuvre de Tours, qu'elle est plus particulièrement chère à mon cœur; » marquant ainsi discrètement l'estime en laquelle il avait sa présidente aussi bien que l'œuvre elle-même.

Au milieu de cette atmosphère religieuse, la marquise de Beaumont semblait dans son élément; elle y respirait à plein cœur et éprouva au plus haut point ce saint enivrement auquel ne saurait échapper une âme vraiment chrétienne, sur cette terre arrosée du sang de tant de martyrs. Aussi, quoique ordinairement maîtresse de ses impressions, manifesta-t-elle en plus d'une circonstance toutes les ardeurs et tous les élans d'un véritable enthousiasme. Un de ses neveux, fils de sa sœur la marquise de Raincourt, qui faisait partie du corps des zouaves pontificaux et lui servait constamment de guide, racontait qu'un soir, dans une fête populaire au Capitole avec illuminations et feu d'artifice, toute au spectacle nouveau et vraiment magnifique qu'elle avait sous les yeux, elle avançait toujours au plus épais de la foule, et fut prise par un de ces courants irrésistibles qui la sépara de son guide et l'emporta loin de lui. Inquiet pour elle, qui ne connaissait ni la ville ni la langue qu'on y parlait, il fit des efforts inouïs pour la rejoindre, et, après l'avoir longtemps cherchée en vain, se décida à se rendre chez elle, où il fût aussi heureux que surpris de la retrouver enchantée de sa soirée et riant la première de son aventure. Quant à la fatigue, elle n'admettait pas qu'on pût la sentir à Rome, et, du matin au soir, parcourait la ville dans tous les sens, toujours à la recherche de quelque pieuse cérémonie ou de quelque sanctuaire à visiter.

Dans une de ces courses, sa voiture est un jour arrêtée par un enfant conduisant un aveugle qui lui demande l'aumône; elle partait pour une lointaine excursion, se sentait pressée par l'heure, et donna l'ordre de passer outre; mais pour cette âme toute de charité refuser qui demande au nom de Jésus-Christ amenait plus qu'un regret, presque un remords; le soir au retour, elle fit reprendre à sa voiture le chemin dans lequel l'aveugle se tenait à la même place : qui des deux fut le plus joyeux de la rencontre ? c'est le secret de Dieu.

Elle ne s'absorbait pas toutefois dans ses impressions ou ses joies chrétiennes; la passion des œuvres l'avait suivie à Rome et lui inspira la pensée d'y travailler à l'établissement d'un refuge pour les filles repenties; elle eut même, dans ce but, de fréquentes conférences avec une Française mariée à un Romain, femme d'œuvre et de zèle comme elle.

Vers la fin de juillet, elle rentrait à Tours très préoccupée de la santé de son fils, retombé dans un état de langueur des plus alarmants. Le voyage par la chaleur l'avait épuisé; il revenait les traits encore plus altérés qu'au départ, et on y lisait les plus tristes présages. Ils ne se réalisèrent que trop promptement! Des soins d'ailleurs, il n'en voulait point, et repoussa pendant plusieurs jours les suppliantes instances de ses frères pour appeler un médecin; tout entier à son saint ministère, à son sanctuaire, à ses œuvres, il persista à demeurer debout en dépit des progrès du mal, et se traîna ainsi jusqu'à la soirée du 28 août; à ce moment il tomba pour ne plus se relever. Trompée par cette énergie singulière et peut-être aussi par ces illusions d'une tendresse qui ne peut croire à la mort d'un enfant, sa mère était partie le matin même pour Beaumont, où elle comptait passer un ou deux jours; rappelée en toute hâte, elle repart aussitôt accompagnée de ses enfants et petits-enfants, et retrouve son fils mourant, mais fortifié par les derniers sacrements qu'il avait désiré recevoir avant l'arrivée des siens. En face de cette nouvelle couche d'agonie, il lui fallut bien reconnaître l'accablante vérité. Mais elle trouva encore là de saints devoirs à remplir; c'était assez pour relever son courage, et, quelque douloureux qu'ils fussent pour une mère, elle ne recula devant aucun, se montrant de nouveau cette grande chrétienne qui, tout entière à celui qu'elle va perdre, n'a dans le cœur ni une pensée ni un gémissement sur elle-même. Inclinée sur la couche de paille où, dans sa pieuse humilité, ce fils si tendrement aimé avait exigé qu'on l'étendît, elle prie avec lui et pour lui; puis, quand approche le dernier moment, elle passe son bras sous sa tête mourante pour la soutenir, jusqu'à l'instant où elle n'eut plus qu'à lui fermer les yeux. On eût dit qu'elle avait à cœur d'offrir à Dieu de ses propres mains ce cruel et suprême sacrifice. Il était pour elle d'autant plus déchirant, qu'il la surprenait au milieu de cette communauté de vie pieuse et charitable dans laquelle elle comptait achever, près de ce fils, les jours qui lui restaient à passer sur la terre, et qu'elle la voyait ainsi tout à coup brisée.

A dater de cette séparation, cette vie de bonnes œuvres devint encore davantage toute sa vie, et c'est dans les années qui suivirent que sa piété et sa charité prirent leur plus édifiant essor. — « Y eut-il une seule œuvre de Tours, écrivait M. l'abbé Janvier, doyen du chapitre, quelques jours après sa mort, qui ne reçût d'elle un appui moral et un secours efficace? Avec quel dévouement, par exemple, ne s'est-elle pas occupée de l'œuvre de Saint-Martin, de l'œuvre des campagnes, des enfants de Marie, des patronages, des cercles ouvriers et de tant d'autres que nous ne pouvons énumérer, se montrant assidue et ponctuelle aux réunions, ne se ménageant en rien et ne reculant devant aucune difficulté!... Mais l'association des Mères chrétiennes, dont elle fut vingt-cinq ans la présidente, semble avoir eu ses prédilections. La première elle conçut l'idée de l'introduire à Tours, à l'époque de l'établissement de l'archiconfrérie à Notre-Dame de Sion, et en prit l'initiative auprès du cardi-

IMPRIMES

nal Morlot; aussi peut-on dire qu'elle en fut ici la véritable fondatrice. » — C'est en mai 1855 qu'elle l'implanta à Tours, en groupant autour d'elle à peine soixante associées, dont le nombre s'éleva à cent quatorze dès l'année suivante.

L'œuvre des Mères chrétiennes, fondée à Paris par le R. P. Ratisbonne, puis érigée en archiconfrérie, forme, on le sait, une sorte de ligue de bonnes œuvres et de prières dans laquelle s'enrôlent de pieuses mères ayant à cœur le salut de leurs enfants. Aussi comment n'aurait-elle pas eu toutes les prédilections de la marquise de Beaumont, qui disait avec un accent si pénétrant, dans une des réunions de l'œuvre : « Une mère a tant de choses à obtenir de Dieu pour ses enfants qu'elle ne peut jamais se lasser de demander, d'autant que Dieu semble ne pas se lasser de l'écouter! » Rien de surprenant dès lors qu'après avoir été sa fondatrice à Tours, elle en devînt une présidente accomplie, se dépensant et s'oubliant sans cesse elle-même pour la diriger dans les voies les meilleures et les plus fécondes. En lisant les rapports remarquables que, de 1856 à 1881, elle préparait elle-même pour les assemblées générales présidées, chaque année, par l'archevêque de Tours, on peut apprécier l'esprit de dévouement qu'elle apportait dans le gouvernement de l'œuvre. Ces rapports, que sa modestie se refusa à laisser publier, ont été religieusement conservés et forment un précieux monument pour l'histoire de l'association à Tours.

Elle expose, dans chacun d'eux, les progrès généraux et locaux qui s'y sont produits d'une année à l'autre, dans un style rapide et ferme, d'une clarté, d'une correction, d'une distinction parfaites, excellant à y distribuer, avec un délicat à-propos, des encouragements ou des louanges aux associées, des témoignages de déférence et de gratitude aux bienfaiteurs et aux augustes protecteurs de l'œuvre.

C'est avec une sorte de recueillement et ordinairement dans le silence de la nuit qu'elle travaillait à ces rapports, dont elle ne paraissait jamais satisfaite et qu'elle ne lisait publiquement qu'après les avoir soumis à quelque pieux ecclésiastique, dont elle acceptait les corrections avec la plus charmante simplicité. Sa modestie sur ce point était presque ombrageuse; son fils aîné eut à s'en apercevoir un jour où, ayant reçu d'elle communication d'un de ses rapports, il ne put s'empêcher de lui dire en riant : « En vérité, ma mère, vous écrivez comme une mère de l'Église! » Étonnée et comme confuse de cette parole, elle reprit silencieusement le manuscrit, le resserra, ne reparla jamais depuis à aucun des siens de ses comptes rendus, quelque allusion qu'on voulût y faire.

Plus d'ailleurs elle se vouait aux bonnes œuvres, plus elle s'attachait à cacher le bien qu'elle faisait, et ce n'était que par nécessité ou par surprise qu'elle en laissait échapper quelque chose. Il lui était, en effet, bien difficile de tout dérober, soit aux personnes qui vivaient près d'elle, soit à celles qui la secondaient dans ses charitables travaux; d'elles seules ont pu nous venir quelques révélations, et encore n'ouvrent-elles que d'étroites et fugitives échappées sur cette existence tout entière à Dieu et au prochain; ses enfants eux-mêmes, non seulement ne connaissaient, mais ne soupçonnaient pas tout ce que chacune de ses journées renfermait d'efforts et de sacrifices charitables.

Nous parlons de sacrifices; il en est de plus d'une sorte dans la vie des œuvres, et les plus pénibles ne sont pas toujours ceux que le monde aperçoit; là comme dans la vie du cloître, il y a bien un trait d'union qui rapproche les âmes; mais chacun n'en apporte pas moins sa nature, son caractère, ses idées personnelles et ses petites susceptibilités, comme chaque corde d'un même instrument garde un son qui lui est propre; aussi faut-il une main singulièrement légère et mesurée pour les faire vibrer à l'unisson. Cet art de maintenir l'accord, la marquise de Beaumont le possédait au plus haut degré, mais au prix de quel travail sur les autres et sur elle-même! Une femme bien digne par son propre mérite de l'aider dans cette tâche délicate disait d'elle : « Que de fois ne la vit-on pas céder, bien qu'elle eût raison, parce qu'elle n'avait pas affaire à des personnes raisonnables, et cependant ces personnes n'avaient ni son âge, ni son expérience, ni sa position dans le monde! » Elle ne cédait toutefois qu'autant que la règle n'en recevait aucune atteinte, car elle professait et exigeait pour elle un scrupuleux respect. Mais cette condescendance devait coûter à une nature aussi fortement éprise de justice et de vérité; sur ce terrain, en effet, elle défendait ordinairement son opinion et réfutait celle des autres avec une grande chaleur de conviction, mais en demeurant toujours dans ces limites de charité, d'égards et de politesse, où son christianisme et sa haute éducation la maintenaient aisément. Du reste, chaque fois qu'elle craignit d'avoir pu froisser ou contrister une de ses associées, elle ne laissa jamais la journée s'achever sans lui envoyer ou lui porter elle-même l'expression de ses regrets, et sa délicatesse à cet égard était si sévère, qu'il lui arriva souvent de se supposer des torts imaginaires qu'elle mit autant d'empressement à réparer; plus d'une fois même, pensant être allée trop loin sur le compte de telle ou telle associée, dans le tête-à-tête d'une conversation intime avec la personne de qui nous tenons ces détails, elle vint tout exprès la retrouver, « afin, disait-elle, de rassurer sa conscience un peu troublée par des sévérités d'appréciation ou de langage que la charité pouvait réprouver. » Que de mérite dans ces actes d'apparence si simple, où se montre cette vertu de tous les instants, qui forme la monnaie courante d'une vie vraiment chrétienne et a d'autant plus de prix qu'elle a moins d'éclat! De belles fleurs de vertu ne poussent point d'ailleurs spontanément et sans labeur, quelque privilégié que soit le sol, parce que notre nature déchue a toujours soin d'y mêler ce que sainte Thérèse appelait *les mauvaises herbes de son jardin*.

En dehors de l'œuvre des Mères chrétiennes et de l'association des Enfants de Marie, auxquelles elle avait donné la meilleure part de son cœur et de son temps, la marquise de Beaumont participait, on l'a dit, à une foule d'autres œuvres; il y en eut une toutefois à laquelle elle se montra spécialement dévouée en mémoire de l'abbé de Beaumont : celle de l'œuvre des vocations religieuses ou des séminaires. Comme elle ne pouvait, à son exemple, recevoir et instruire elle-même des jeunes gens aspirant au sacerdoce, elle se les faisait indiquer, les plaçait au petit séminaire, puis au grand, allait souvent les y voir et leur portait de ces paroles de sympathie et de foi qui avaient dans sa bouche une particulière autorité.

Par une pieuse conséquence, elle s'intéressait également beaucoup aux missions, et y contribuait avec une libéralité qui n'était pas toujours à la mesure de son budget; elle disait pour s'en excuser : « Que voulez-vous, je ne cherche jamais à me rendre compte quand il s'agit d'une œuvre aussi sainte! » Un missionnaire qu'on lui avait adressé, et qui avait éprouvé les effets de cette générosité, ne savait en quels termes remercier la personne qui lui avait fait connaître *une aussi bonne dame*.

Sa réputation d'inépuisable charité s'était bien vite répandue et lui attira d'innombrables sollicitations; elle tenait à se rendre compte de toutes, et si elle hésitait parfois sur la valeur de quelques-unes, son hésitation cessait toujours dès qu'elle entrevoyait du bien à faire à une âme. Cette pensée, du reste, nous en avons fait la remarque, inspira toute sa conduite et donna à sa vie entière comme un caractère d'apostolat, tant elle montrait d'ardeur à étendre le règne de Dieu et à lui conquérir des cœurs.

La misère a sa diplomatie et connaît l'art de feindre pour attirer la pitié; plus d'un pauvre en usa avec elle, en simulant des intentions religieuses qu'il n'avait pas; chaque fois qu'elle fut trompée, elle se borna à cesser ses secours, sans faire entendre une parole amère.

Elle ne puisait pas seulement dans sa bourse, mais aussi dans sa garde-robe, pour soulager ceux qui faisaient appel à sa charité. Avec quelle discrétion certains paquets étaient préparés de ses mains et disparaissaient, sans qu'on sût comment, pour arriver à leur adresse! Et quand il lui devint impossible de les porter elle-même, elle sut encore trouver de discrets intermédiaires, auxquels elle recommandait toujours instamment de ne rien dire et de ne point parler d'elle. Enfin, lorsqu'il s'agissait de pauvres honteux, elle avait de délicates industries pour leur procurer le soulagement le mieux approprié à leur situation. Qui ne se rappelle avoir vu bien souvent chez elle un bon vieillard qu'elle y appelait constamment, sous prétexte de lui faire préparer des bandes pour des lettres de convocation, qui croyait lui être utile, et la plupart du temps ne l'était qu'à lui-même?

Il n'est guère possible d'être généreux sans être économe; la marquise de Beaumont le savait et s'étudiait à réduire sur toute choses son propre budget pour grossir celui des œuvres. « Tout s'use trop vite au gré de Mme la marquise, disait une personne de sa maison, tant on fait de charités! » Et, en effet, dans les derniers temps surtout, c'était bien sur le nécessaire qu'elle prenait la part des pauvres. Aussi quelle existence réduite elle s'était faite à Tours! C'est là, après tout, qu'elle *menait sa vie,* suivant la juste expression d'un de ses fils; cette vie de ses préférences et de son choix, « cette vie cachée dans laquelle on est vivant en Dieu avec Jésus-Christ, quand on est mort à la fausse vie de la terre. » (*Fénelon.*)

Elle occupait, rue de la Guerche, un modeste appartement où l'on trouvait à peine ce strict confort auquel une femme du monde est astreinte, ne fût-ce que par égard pour ceux qu'elle reçoit; plus d'un petit rentier ne se fût pas contenté de son mobilier. La simplicité et la frugalité de sa table étaient à l'avenant, et si quelques mets plus recherchés y paraissaient à certains jours, c'est que la présidente des mères chrétiennes recevait un haut protecteur ou un prédicateur de l'œuvre. Cette frugalité redoublait dans le temps du carême; la fidèle chrétienne voulut toujours suivre les prescriptions de l'Église, et, lorsque avec l'âge survinrent les indispositions et la faiblesse, il fallut l'ordre formel et répété du médecin pour qu'elle s'en écartât quelque peu ; et encore, plus d'une fois lui arriva-t-il de s'excuser de prendre du bouillon un jour maigre, et de demander qu'on ne s'en scandalisât pas.

La marquise de Beaumont, au milieu de cette existence volontairement réduite, conservait une voiture, mais après avoir maintes fois déclaré n'en plus vouloir et opposé sur ce point la plus vive résistance à ses enfants, qui, sentant combien, à son âge, elle lui était indispensable, insistaient et ne parvinrent à la lui faire accepter que moitié par surprise, moitié par douce violence. Volontiers elle l'eût appelée *son indignité*, comme saint Vincent de Paul appelait ce pauvre carrosse dans lequel il ramenait si souvent à Saint-Lazare les infirmes rencontrés sur son chemin. A son exemple, et pour racheter ce luxe qu'elle se reprochait, elle faisait aussi de sa voiture celle de tout le monde, et bien des pauvres s'y assirent à ses côtés. Cette voiture, complice de sa charité, la transportait de Beaumont à Tours, pour les besoins de ses œuvres ou de ses pauvres, le plus souvent à des heures matinales, quelle que fût la saison ; elle ne tenait compte, à cet égard, ni de son âge ni de son état de santé ; ce qui faisait dire à une personne attachée à son service : « Madame la marquise, quelque jour on la trouvera morte dans sa voiture ! »

Si ce ne fut pas là que la mort vint la trouver, ce fut là certainement qu'elle en prépara et hâta la venue, par les fatigues multipliées dont cette voiture lui fournissait l'excuse et le moyen. Alors que sa santé périclitait déjà, elle y montait, malgré les tendres remontrances de ses enfants, sous prétexte qu'elle s'y reposait aussi bien que dans son fauteuil, et revenait le corps brisé, mais l'âme satisfaite.

Nous l'avons vue vraiment héroïque auprès de son mari et de son fils expirants; nous la verrons une dernière fois pleine encore de courage et d'élan, lorsque, fort peu de temps avant sa mort et déjà très souffrante, elle se rendit à Luynes auprès de sa belle-sœur la comtesse Léon de Beaumont, qui, frappée à mort par une paralysie, attendait sa fin sur un lit de douleurs, avec la résignation d'un grand cœur et d'une âme admirablement chrétienne. La vive affection qu'elle avait pour elle lui fit trouver l'énergie dont elle avait besoin, et en la voyant distribuer à chacun avec calme et bonté des paroles d'encouragement et de sympathie, qui chez elle coulaient de source, on ne se fût guère douté de l'effort qu'il lui avait fallu faire, ni que la consolatrice succomberait avant celle qu'elle avait voulu consoler.

A peine deux mois après, en effet, la marquise de Beaumont fut prise d'une violente irritation de poitrine, qu'elle ne tarda pas à aggraver par des imprudences répétées. On était au mois de mars; malgré l'inclémence du temps, elle voulut suivre la retraite des Mères chrétiennes, et revint très fatiguée à Beaumont, où ses enfants espéraient la retenir.

Mais une réunion de dames travaillant pour les églises pauvres devait avoir lieu la semaine suivante à Marmoutier, et, bien que la toux dont elle souffrait ne lui laissât aucun repos, elle avait résolu d'y assister. La veille toutefois, prise dans la nuit de violents étouffements qui l'obligèrent à appeler du secours, elle crut qu'elle serait forcée d'y renoncer; mais dès que le jour parut, se sentant un peu mieux, elle reprit son projet et partit dès les premières heures. Elle ne rentra que vers midi chez elle, où deux de ses petits-enfants, venus pour la voir, la trouvèrent dans un tel état qu'ils n'hésitèrent pas à appeler en hâte le médecin de Beaumont qui avait coutume de la soigner. Il accourt, déclare le mal grave et ordonne que la malade retourne le soir même à Beaumont; mais il n'en peut obtenir que la promesse de partir le lendemain. Quelques obligations charitables lui restaient à remplir, et peut-être bien pressentait-elle qu'une fois sortie de Tours elle n'y rentrerait plus. Le lendemain donc, après avoir accompli tout ce qu'il en aurait coûté à son cœur de laisser inachevé, après avoir visité une famille pauvre et fait inutilement une démarche pour une autre, elle arrive à Beaumont, le dimanche 3 avril, et trouve encore la force de s'asseoir à la table de famille et de passer la soirée entière au milieu des siens. Pendant quatre jours, elle lutte ainsi contre le mal, qui l'envahit de plus en plus, mais ne parvient pas à la détourner de ses pensées de charité. Elle n'avait pas oublié l'inutilité de sa démarche à Tours le jour de son départ, et voulut la renouveler l'avant-veille de sa mort, en écrivant d'une main défaillante, et la vue déjà troublée, une lettre à peine lisible qu'elle hésitait à envoyer; son fils la rassura pour lui ôter la pensée de la recommencer; mais, à peine fut-il éloigné, qu'elle reprit la plume et la refit tout entière d'une main encore plus défaillante; sa volonté, toujours maîtresse, semblait s'étonner des résistances d'un corps qui, cette fois, n'avait plus la force d'obéir. Cette seconde lettre était moins lisible que la première; mais son fils lui promit de l'accompagner d'un mot de sa main. Envoyée effectivement comme un touchant témoignage de sa courageuse charité et de l'intérêt qu'elle portait à ceux qu'elle y recommandait, cette lettre valut à ses protégés un magnifique secours. Ce fut sa dernière bonne œuvre.

Du jeudi 7 au vendredi 8 avril, les suffocations, devenues plus fréquentes, firent penser que le moment était venu de lui apporter le saint Viatique et de lui faire les saintes onctions. Elle les reçut en pleine possession d'elle-même, avec toute la vivacité de sa foi, s'associant à chacun des actes et répondant aux prières du prêtre. Pendant la matinée du vendredi, les suffocations se rapprochèrent encore, la faiblesse augmenta; néanmoins elle voulut rester sur son fauteil entourée de ses enfants et petits-enfants; le cœur élevé vers Dieu, elle murmurait toujours quelques prières, et, quand ses lèvres n'en eurent plus la force, elle s'associait à celles que récitait près d'elle M. le curé de Beaumont. Vers cinq heures, la faiblesse devint telle qu'il fallut la reporter sur son lit; à peine y fut-elle, qu'elle perdit connaissance et expira doucement et sans agonie. Dieu épargnait les angoisses de la mort et la lutte de l'heure dernière à celle qui, toute sa vie, combattit le bon combat; bien plus, il l'appelait à lui en un jour privilégié, le vendredi de la Compassion de la très sainte Vierge, l'une des principales fêtes de l'archiconfrérie des Mères chrétiennes; « fête qui lui était devenue doublement chère, écrivait la pieuse secrétaire de l'association de Tours, depuis que son cœur maternel, jusqu'alors heureux à tant de titres, avait été transpercé d'une douleur qu'elle aimait à offrir à Notre-Seigneur en union avec celle de sa divine mère. »

Cette mort fut en quelque sorte un deuil public, tant elle atteignait d'affections et d'intérêts charitables; toutes les œuvres de Tours se sentirent frappées, et de tous côtés éclatèrent des regrets, qui furent la juste glorification de cette grande chrétienne, et un précieux adoucissement à la profonde douleur de tous les siens.

M. l'abbé Simon, vicaire général de Luçon, à la nouvelle de sa mort, écrivait : « Elle eût mérité d'être appelée *la mère des mères chrétiennes*... Dans quelques entretiens que j'eus le bonheur d'avoir avec elle, il me fut donné d'entrevoir sa belle âme. C'était la grande dame avec le prestige et l'autorité que lui donnaient son rang, son mérite et son âge, avec la noblesse et la délicatesse des sentiments, avec son tact parfait et son grand air, tempéré par l'affabilité la plus gracieuse; c'était en même temps l'humble chrétienne, avec son éminente piété, son ingénieuse charité, son dévouement de toutes les heures, son zèle ardent, sans cesser d'être discret et mesuré. »

Le R. P. de Bizemont, de la compagnie de Jésus, écrivait d'elle également : « Elle est tombée, on peut le dire, les armes à la main, puisque cette courageuse chrétienne, déjà presque mourante, a voulu assister à notre réunion solennelle de Marmoutier. Elle donnait ainsi l'exemple de cette persévérance indomptable que rien ne pouvait arrêter. Personnellement je puis dire qu'elle m'a puissamment aidé par ses prières, ses sages conseils et sa prudence, dans les œuvres que nous faisions ensemble. »

C'est la marquise de Beaumont elle-même qui apportera le dernier trait de cette esquisse imparfaite de sa noble et sainte figure; nous l'empruntons aux dernières recommandations écrites qu'elle laissa à ses enfants; et, dans les fragments qu'on va lire, on retrouvera bien, en effet, ce qui marqua sa vie d'un si grand caractère : sa haute raison, sa foi profonde, et sa tendresse pour les siens, toujours en éveil ou en action :

« Il y a, depuis quelque temps, une tendance générale à se relâcher de ce qui semble être une gêne, à supprimer quelques usages qui pèsent, à se créer des nécessités qui augmentent les dépenses, etc... ; en restant à la campagne on conserve plus facilement les mœurs douces et simples de ses pères. Mais des obligations appellent à Paris ; eh bien ! j'en ai souvent fait la remarque, on ne peut y rester quelque temps de suite sans être un peu fasciné par les habitudes du jour ; on s'accoutume à voir, à entendre ce qui choquait lorsqu'on y est arrivé ; on se trouve rigide en comparaison de ceux qu'on rencontre ; on finit par se persuader qu'on ne peut se passer de ce qu'on voit aux autres, et de là un changement dont on s'aperçoit à peine ou qu'on ne reconnaît qu'au bout d'un certain temps et quand il en coûterait de revenir en arrière...

« Entre les usages, les habitudes de nos pères et nous, il y a une solidarité qu'on ne secoue pas en vain...

« Apprenez à vos enfants que les plus grandes jouissances se trouvent dans la famille ; persévérez dans l'amour que vous avez les uns pour les autres ; il est une suite de l'amour de Dieu, le plus grand de tous les biens ! »

Louis Frion.

12929. — Tours, impr. Mame.

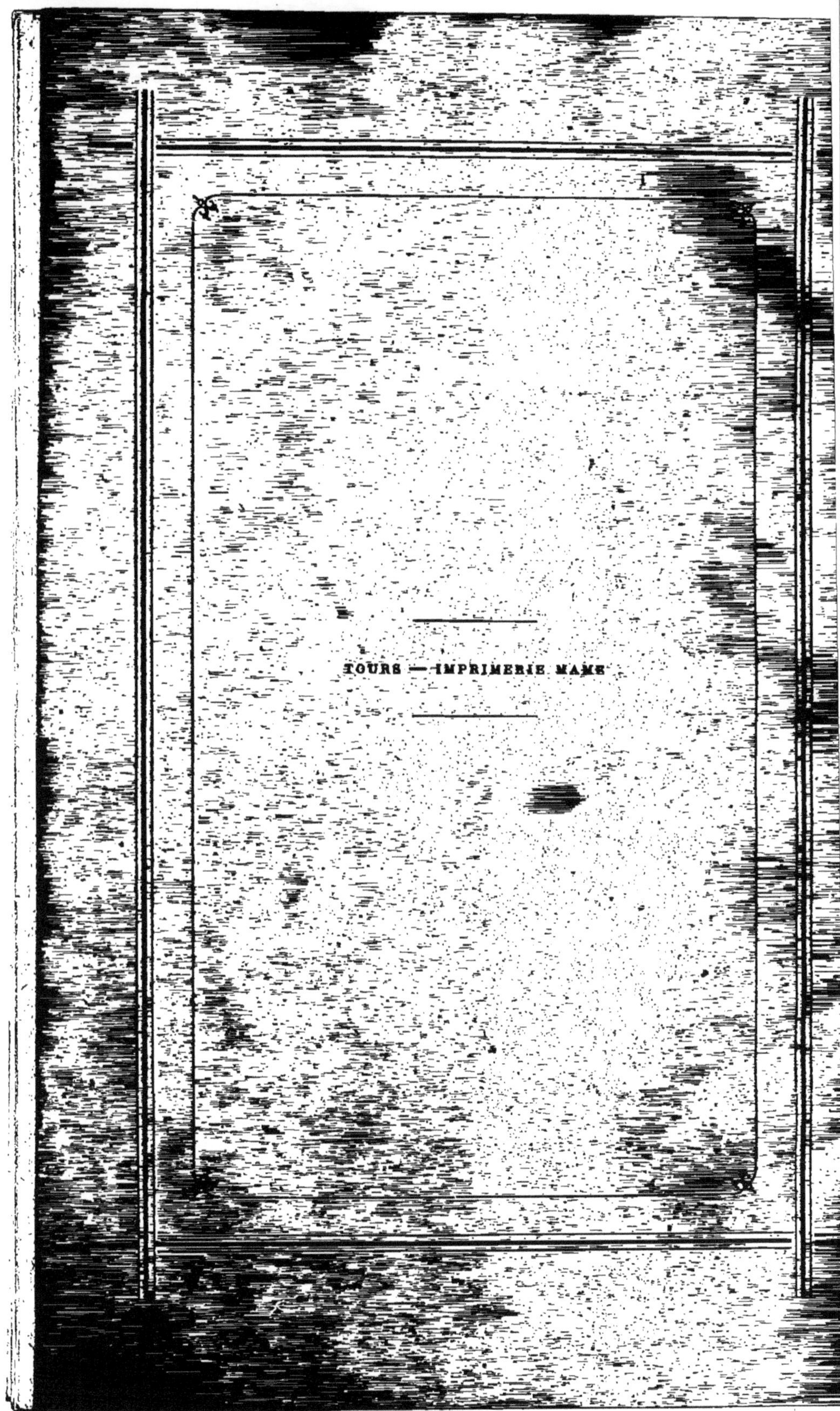
TOURS — IMPRIMERIE MAME

www.ingramcontent.com/pod-product-compliance
Ingram Content Group UK Ltd.
Pitfield, Milton Keynes, MK11 3LW, UK
UKHW020403250726
13967UKWH00005B/2443

9 782013 046138